Inhalt

Wenn es Winter wird

Winterfreuden

Wintergestalten

Winterfeste

Vorwort

Der Winter ist gekommen. Draußen ist es stürmisch und kalt geworden. Feuchte Nebel trüben die Sicht und tauchen die Landschaft in müdes Grau. Farben, Licht und Wärme sind verschwunden. Ein Abschied, aber auch der Beginn einer neuen, geheimnisvollen Jahreszeit. Winterruhe ist eingekehrt und hüllt die Natur in einen schützenden Mantel. Bei Kerzenschein, weihnachtlichen Düften und leckeren, selbst gebackenen Plätzchen ist es nun drinnen, im warmen Haus, erst richtig gemütlich. Eine besinnliche Zeit voller Stimmung und schönen Festen steht vor der Tür. Eine Zeit des Rückzugs ins „eigene Nest“, Zeit zum Ausruhen, Träumen, Singen und Geschichtenerzählen.

Manchmal im Winter zaubern Schnee und Eis eine wunderschöne, weiße Winterwelt, ein seltener Spaß für Groß und Klein. Ein Wintertag draußen im Schnee an klarer, frischer Luft bereitet wahre Winterfreuden. Alle Kinder kommen aus dem Haus zum Schlittenfahren und Schneemannbauen. Sie formen Schneebälle und machen eine wilde Schneeballschlacht. Sogar die größten Stubenhocker lockt die weiße Pracht hinaus. Sie ziehen ihre Schals, Mützen und Winterstiefel an und erleben unvergessliche Winterabenteuer, an die sie sich immer wieder gerne erinnern werden.

Geheimnisvolle Winterwesen haben das ganze Jahr im Verborgenen geschlafen. Nun ist ihre Zeit gekommen. Sie werden aus ihren Verstecken, aus Schachteln, Kartons und aus dunklen Kellerecken hervorgeholt und bekommen einen besonderen Platz im festlich geschmückten Haus. Da wimmelt es überall von Engeln, Schneemännern, Nikoläusen, Nussknackern, Sternen, Kerzen, Räuchermännchen, Lichterketten, Lebkuchenmännern ... Sie bringen Freude, Farbe und Schwung ins müde Winterdasein. In großer Fülle bevölkern sie nicht nur die Häuser, sondern auch die Herzen und Träume der Menschen und begleiten sie durch die dunkle Zeit des Jahres.

Träumen und spielen Sie, liebe Leserinnen und Leser, mit vielen Kindern die fantasiereichen Geschichten dieser Winterwerkstatt. Wir laden Sie ein zu winterlichen Basteleien, Spielen bei Kerzenschein, zu einer Ofenbewegungsgeschichte; erleben Sie König Balthasars Schnupperhöhle, einen Tanz mit dem Karussellpferd Salina, entdecken Sie den Eispalast der Eisprinzessin Kristallina und viele andere Winterabenteuer. Lassen Sie sich verzaubern von der Lebendigkeit und Fröhlichkeit der vielen Fantasiegestalten in diesem Buch, die allen Mitspielern Sinnliches, Beschauliches und winterliche Spielfreude schenken wollen.

Spiele bei Kerzenschein

Hexenlicht

Die Winterhexe hat Sonnenlicht und Feuerschein weggehext. Alle Menschen und Tiere sitzen nun im dunkeln Winter und frieren. In ihrem Hexenhaus hütet die Winterhexe einen Feuerfunken. Lucia, ein mutiges Mädchen, versucht, der schlafenden Hexe die kostbare Flamme wegzunehmen und den Menschen zurückzubringen.

Die Kinder sitzen im Kreis auf dem Boden. In der Kreismitte sitzt die Winterhexe mit verbundenen Augen vor einer brennenden Stumpenkerze. Ein Kind spielt Lucia. Es steht an der Tür und versucht, sich so leise wie möglich an die brennende Kerze in der Kreismitte heranzuschleichen. Schafft es Lucia, die Kerze mit der Hand zu berühren, ohne dass die Winterhexe etwas gehört und die Hand gehoben hat, darf sie in der nächsten Spielrunde selber Winterhexe sein.

Hexenhaus

Man braucht:

- 1 kleinen Karton
- Laternenpapier
- Teelichter
- Farben
- Klebstoff
- Wellpappe
- Watte
- Cutter

Den Karton so zuschneiden, dass bei den gegenüberliegenden Seiten die Giebel stehen bleiben. Fenster und Türen mit dem Cutter ausschneiden. Dann das Haus anmalen und die Fenster von innen mit farbigem Transparentpapier bekleben. Hinten eine Öffnung in das Haus schneiden, damit man ein Teelicht hineinstellen kann. Das Dach so aufkleben, dass oben im First eine Öffnung frei bleibt. Sonst kann das Teelicht nicht brennen.

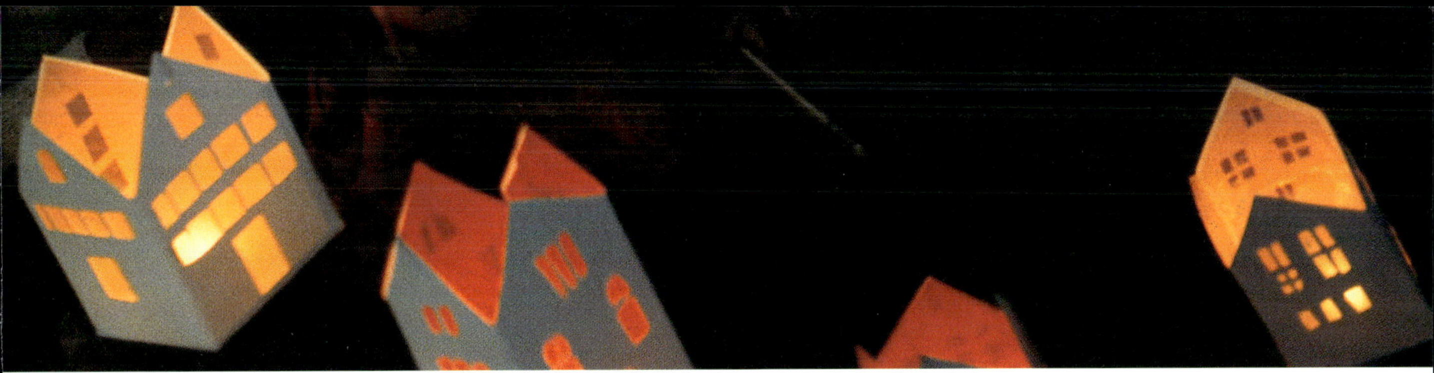

Lichterkreis und Feuersprung

Alte Bräuche und Spiele, die Licht in seiner ursprünglichen Feuergestalt teilen und vermehren sollen, wurden bereits früher in Kreisform angeordnet. So versammeln sich bis heute Kinder mit ihren Laternen im Kreis um das Martinsfeuer, Adventskränze vermehren strahlendes Kerzenlicht in einer kreisrunden Form und auch Lucia aus Schweden trägt einen runden Lichterkranz auf dem Kopf.

Lichterkreis: Lucia überreicht einem Kind im Kreis eine brennende Tafelkerze und diese wird vorsichtig im Kreis weitergereicht. Das letzte Kind zündet damit die Lichter an einem Lichterkranz oder Lichterbaum an.

Feuersprung: Die Kinder tanzen im Kreis um ein brennendes Teelicht in einem Teelichtglas. Abwechselnd springt immer ein Kind über dieses kleine „Teelichtfeuer". Die Kraft des Lichtes soll durch diesen Feuersprung gestärkt werden und der Sprung soll Glück bringen.

Hexenfeuer

Man braucht:
- 1 Weckglas
- Klebstoff
- Teelicht
- transparentes Buntpapier
- Stöckchen

Das Buntpapier in Streifen reißen und von außen auf das Weckglas kleben. Holzstöckchen zu einem Feuerhaufen aufschichten. Darauf das Weckglas stellen. In dem Weckglas ein Teelicht anzünden und um das Feuer tanzen.

Geheimnisvolle Winterruhe

Der Windgeist Schneeweiß

Der Windgeist Schneeweiß ist ein eiskalter Winterwind. Er fegt mit schauerlichem Geheul über das Land und verbreitet klirrende Kälte. Die Tiere haben sich zum Winterschlaf in ihre gemütlichen Höhlen zurückgezogen und träumen einen schönen Traum. Das Geheul des Windgeistes Schneeweiß kann ihren Traum nicht stören. Sie hören nur ihre Traummelodie.

Ein Kind sitzt eingekuschelt auf einer Decke in der Kreismitte und schließt die Augen zum Winterschlaf. Ein zweites Kind darf eine bekannte Melodie summen oder singen. Die übrigen Kinder spielen den Windgeist Schneeweiß und machen schauerliche SCHSCH-Geräusche. Kann das „schlafende Kind" seine Traummelodie aus dem Windgeheul heraushören und erkennen?

Windgeist

Man braucht:

- Luftballon
- Kleister
- Papier
- Zeitungspapier
- Farben
- Watte
- weißes Hemd
- Fäden
- Schnur

Den Luftballon aufpusten und verknoten, das Zeitungspapier in Streifen reißen. Mit Kleister bestreichen und Streifen für Streifen um den Ballon kleben. Aus Kleisterpapier eine Nase formen und ankleben. Nach dem Trocknen den Kopf bemalen und ein Hemd ankleben. Weiße Papierhände in die Hemdärmel kleben. Einige Wattebällchen mit einem Faden an den Fingern befestigen.

Der Igel schläft auf einem Bein?

Bei diesem Flüsterspiel sitzen alle Kinder im Kreis. Zwei Kinder, die nebeneinander sitzen, beginnen das Flüsterspiel, indem sie jeweils in die andere Richtung eine unterschiedliche Botschaft flüstern. Ein Kind hat die Aufgabe, sich ein Tier auszudenken, das gerade seinen Winterschlaf beginnt. Es flüstert: „Mein Tier ist ein ..." Das andere Kind denkt sich eine beliebige Schlafstellung oder Schlafstätte aus. Dazu flüstert es: „Mein Tier schläft ..." Beide Kinder beginnen gleichzeitig, ihre Flüsterbotschaft ins Ohr ihres Nachbarkindes zu flüstern. Die Botschaften wandern im Kreis und treffen sich irgendwann bei einem Kind. Das Kind lüftet das Flüstergeheimnis und erzählt zum Beispiel: „Mein Tier ist ein Igel und schläft auf einem Bein!" Oder: „Mein Tier ist ein Hamster und schläft auf der Hühnerstange!"

Igel im Bett

Man braucht:
- Filz
- Nadel und Faden
- Klebstoff
- Watte
- Filzstifte

Aus Filz alle Teile für den Igel zweimal ausschneiden, mit Watte füllen und zusammennähen. Die Stacheln aus Filz aufkleben. Einen Mund und die Augen mit Filzstift aufmalen. Aus Filzstücken ein Bett zurechtschneiden. An den Kanten zusammenkleben oder -nähen und den Igel zum Schlafen hineinlegen.

Winterschläfer

Höhlensuche

Wenn es Winter wird, suchen Fledermäuse in Felsenhöhlen, hohlen Bäumen oder alten Gebäuden Unterschlupf. Sie hängen sich kopfüber an die Decke und halten Winterschlaf. Zur Orientierung stoßen Fledermäuse Laute aus, die so hoch sind, dass wir Menschen sie nicht hören können. Mithilfe des Echos dieser Laute finden sie auch ein Quartier für den Winter.

Einige Mitspieler verteilen sich im Raum oder im Freien. Ein Kind ist die Fledermaus und stößt einen Laut aus oder macht ein Geräusch, z. B. piepst es oder schnalzt mit der Zunge. Dieses Geräusch wird vom ersten Mitspieler wie ein Echo erwidert. Die Fledermaus macht sich in Richtung des Echos auf den Weg. Ist sie beim ersten Kind angelangt, gibt sie erneut Geräusche von sich, die vom nächsten Mitspieler erwidert werden. Beim letzten Posten ist die schützende Höhle für den Winterschlaf erreicht und das Spiel kann von vorn beginnen.

Klammer-Fledermäuse

Man braucht:
- Klebstoff
- Filz
- kleine Holzwäscheklammern
- Filzstifte

Aus grauem Filz einen Fledermauskörper ausschneiden. Flügel aus schwarzem Filz, Mund aus rotem Filz und Zähne aus weißem Filz ausschneiden und aufkleben. Die Augen mit Filzstift aufmalen. Die Wäscheklammern mit Filzstiften bemalen und so an die Fledermäuse kleben, dass man die Klammern öffnen und so die Fledermäuse an eine Leine hängen kann.

Einschlafen

Wenn die Fledermäuse ihren Winterschlaf beginnen, sinkt ihre Körpertemperatur ab. Ihr Puls wird ganz langsam und sie atmen in einer Stunde nur noch wenige Male.

Ein Kind ist eine kleine Fledermaus und legt sich in die Kreismitte auf eine Decke. Alle Kinder im Kreis erhalten ein Rhythmusinstrument, z. B. Klangstäbe, Holzblock, Tamburin. Ein Kind gibt mit seinem Instrument den Takt an, den alle anderen Musiker mitschlagen. Nach und nach soll der Takt immer langsamer werden – so wie der Pulsschlag der Fledermaus – bis die kleine Fledermaus eingeschlafen ist.

Flatter-Fledermaus

Man braucht:

- festen Karton
- 2 Briefklammern
- Schnur
- Filz
- Locher
- Perle
- Filzstifte

Die Formen der Fledermaus auf den Karton aufmalen und ausschneiden.
Die Vorderseiten der Flügel mit Klebstoff bestreichen und mit schwarzem Filz bekleben. Jeden Flügel zweimal mit dem Locher lochen. In jede Seite des Körpers ein Loch stanzen und die Flügel mit Briefklammern befestigen. Den Kopf bemalen und eine Filzkappe aufkleben. Eine Schnur wie links zu sehen befestigen Am Schnurende eine Perle festknoten.

Es friert!

Vorsicht, Frost

Familie Waldmaus muss in ihrem Mauseloch ganz eng zusammenrücken, denn draußen ist es bitterkalt geworden. Wenn die Mäusekinder auf Futtersuche gehen, kriecht ihnen der Frost ins Fell.

Alle Kinder sind Mäuse, sie springen und huschen über ein Spielfeld. Drei weitere Kinder sind der Frost. In ihren Händen halten sie je einen „Eiszapfen" (z. B. ein Stück Holz, das mit Alufolie umwickelt ist). Unbemerkt versuchen sie nun, den Mäusekindern einen Eiszapfen in die Jackentasche oder in die Kapuze zu stecken und sie so zum Frieren zu bringen. Die letzten drei Mäusekinder, die sich bis zum Schluss der Spielrunde vor den Eiszapfen retten können, dürfen in einer neuen Runde den Frost spielen.

Zähneklapper-Mäuse

Man braucht:

- Wäscheklammern
- Filz
- Klebstoff
- Perlen

Die Körper der Mäuse aus grauem Filz ausschneiden. Ohren und Schwänze aus farbigem Filz zuschneiden. Hierbei kann sich jedes Kind seine eigene Farbe wählen, denn die Mäuse können später zum Spielen an die Kleidung geheftet werden. Die Ohren und Schwänze, eine Perlennase und Barthaare ankleben. Dann die Mäuse so auf die untere Hälfte einer Wäscheklammer kleben, dass man die Klammer noch gut an den Enden anfassen und klappern lassen kann.

Zähnegeklapper

An manchen Winterabenden wird es auch im Mauseloch so kalt, dass die Mäusekinder laut mit ihren kleinen Mausezähnen klappern, wenn sie sich miteinander unterhalten.

Alle Mitspieler sitzen als Mäusekinder im Kreis. Ein Kind geht vor die Tür, während die Mäusekinder sich ein mehrsilbiges Wort überlegen, das sie zähneklappernd sprechen werden. Das ausgesuchte Wort, z. B. Tannenzweige, wird in seine Silben zerlegt. Immer eine kleine Gruppe Kinder spricht je eine Silbe, z. B. Tan-Tan-Tan, eine weitere nen-nen-nen, zwei-zwei-zwei, ge-ge-ge. Das Kind wird hereingeholt und versucht heraushören, welches Wort sich die Mäusekinder ausgesucht haben.

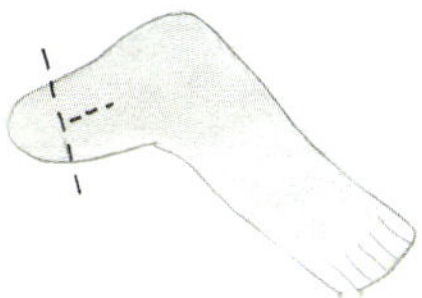

Kuschelmaus

Man braucht:
- 1 Socke
- Filz
- Watte
- Schnur
- Nadel
- Faden
- Perle
- Knopf

Von der Socke so, wie hier auf der Zeichnung zu sehen ist, die Zehen abschneiden. Daraus dann zwei Ohren zuschneiden und annähen. In die Maulöffnung rosafarbenen Filz hineinnähen. Dann die Maus mit Watte ausstopfen und zunähen. Aus Filz Füße und Beine ausschneiden und auch annähen. Knopfauge, Perlennase und einen Schnurrbart und Schwanz aus Schnur oder Wolle befestigen.

Vom Wärmen und Zusammenrücken

Ofen-Bewegungsgeschichte

Alle Kinder stehen im Kreis und fassen sich an den Händen. Die kleine Ofen-Bewegungsgeschichte wird vorgelesen und immer, wenn das Wort **Ofen** zu hören ist, gehen alle schnell in die Hocke und stehen wieder auf. Diese Ofengeschichte eignet sich besonders zum Warmwerden an bitterkalten Wintertagen.

Es ist ein bitterkalter Winter. Niemand mag hinaus in die Kälte, alle machen es sich drinnen am warmen **Ofen** gemütlich. Sie trinken heißen Tee, essen Bratäpfel aus dem Back**ofen** und erzählen sich Geschichten. Diese frostigen Tage mag der alte Kachel**ofen** besonders gerne. Er liebt den Holzgeruch und das lustige Feuer in seinem dicken **Ofen**bauch. Die Hauskatze ist der liebste Freund des alten Kachel**ofens**. Sie schläft im Winter oft auf seinen warmen **Ofen**kacheln. Eines Tages fühlt sich der alte Kachel**ofen** plötzlich sehr unbehaglich. In seinem dicken **Ofen**bauch will es nicht mehr so recht warm werden. Ihm ist ganz Elend zumute und seine Flamme wird immer kleiner. Wenn nicht sofort Hilfe kommt, erlischt das **Ofen**feuer und der alte Kachel**ofen** wird sich erkälten. O Schreck, kein **Ofen**holz ist mehr im **Ofen**korb. Schnell, wir brauchen neues **Ofen**holz! Alle laufen in den Wald, um für den alten Kachel**ofen** Holz zu sammeln. Der Kachel**ofen** hustet und stöhnt: „Bitte, Holz!" Das war Rettung in letzter Sekunde. Endlich, die Holzscheite fangen Feuer und nach einer Weile wird es im dicken **Ofen**bauch wieder feurig heiß. Der alte Kachel**ofen** atmet erleichtert auf. Heute bekommt er besonders viel Besuch und alle **Ofen**freunde rücken eng zusammen, um es sich am warmen **Ofen** so richtig gemütlich zu machen. Schöne Winter-**Ofen**-Zeit.

Kuschelbär und Kuschelmaus

Man braucht:
- Wolle
- Watte
- Nadel und Faden
- Schachtel mit Deckel
- Perlen
- Stoffreste

Für jedes Tier braucht man zwei Wollknäuel. Dafür jeweils einen Wattebausch locker mit Wolle umwickeln. Kopf und Bauch zusammennähen. Für den Bären noch sechs kleine Knäuel wickeln, das werden Ohren, Arme und Beine. Alle Teile festnähen: Der Maus werden Hände, Füße und Ohren aus Filz angenäht. Der Bär bekommt eine runde Schnauze aus Filz. Beiden Tieren Perlenaugen und Nasen annähen. Für das Bett eine Schachtel so zurechtschneiden, dass der Deckel die Decke wird. Die Schachtel mit Stoffresten bekleben und die Tiere hineinlegen.

Tanzender Ofen-Zwerg

Man braucht:
- Klebstoff
- Faden
- Tonpapier

Aus Tonpapier einen Kreis ausschneiden und darauf eine Spirale zeichnen. Die Spirale entlang der Linie aufschneiden, sodass das Papier wie eine Schlange herunterhängt. Aus Tonkarton einen kleinen Zwerg ausschneiden und mit dem einen Fuß in die Kreismitte kleben. Durch die Mütze einen Faden ziehen und den Zwerg daran über einer Heizung aufhängen. Durch die aufsteigende Wärme beginnt der Zwerg zu tanzen.

Winterfarben

Graue Schleier

Die Schleierfrauen weben an einem riesigen Webrahmen fahle, graue Winterschleier und hüllen damit viele Wintertage in ein tristes Grau. Nur manchmal gelingt es der Sonne, die grauen Schleier zu vertreiben.

Die Kinder legen mit Naturmaterialien Winterbilder auf ein Tuch oder auf den Boden, z. B. Bäume aus Tannengrün, Häuser und Männchen aus Steinen und Stöcken usw. Um das Bild tanzen anschließend zwei Kinder herum. Sie haben graue Tücher und decken nach und nach das Bild damit zu. Dazu kann folgendes Lied gesungen werden (Melodie: Grün, grün, grün sind alle meine Kleider):

Grau, grau, grau, graue Schleier fallen
grau, grau, grau werden Wald und Feld.
Eine graue Decke für die kalte Erde
schwebt aus grauem Himmel und hüllt uns alle ein.

Zwei weitere Kinder tanzen dann mit einem gelben und einem blauen Tuch um das Bild. Dazu singen alle das Lied nun mit dem Text: „Gelb, gelb, gelb ..." und „Blau, blau, blau ...". Die Kraft der Sonne schafft es, dass die grauen Schleier sich heben und der blaue Himmel zum Vorschein kommt – die grauen Tücher werden wieder vom Winterbild genommen.

Schleierfrau

Man braucht:
- Kochlöffel
- Farben und Pinsel
- Klebstoff
- graue Wolle
- Watte
- weißes Papier

Den Kochlöffel grau anmalen und ein Gesicht aufmalen. Oben an den Stiel viele Wollfäden kleben. Um das Gesicht Wattehaare kleben. Aus weißem Papier Hände ausschneiden und an die Wolle kleben.

Graue Fänger

Zwei Kinder – ausgerüstet mit grauen Tüchern oder Bällen – versuchen als Schleierfrauen, alle anderen Kinder im Spielfeld mit dem Grau zu berühren. Außer den beiden Schleierfrauen dürfen sich aber alle Kinder nur in kleinen Seitwärts- oder Trippelschritten über das Spielfeld bewegen. Wer vom Grau berührt wird, wartet am Spielfeldrand, bis eine neue Fangrunde beginnt.

Winterbild

Man braucht:

- kleinen Holzkasten oder Kartondeckel
- Tonkarton
- Watte
- Klebstoff
- Zweige

Aus Tonkarton einen Hintergrund ausschneiden und in den Deckel kleben. Eine Sonne aus Tonkarton ausschneiden und an den Himmel kleben. Watte auf den Boden kleben, einen kleinen Schneemann aus Wattekugeln aufstellen, Zweige und Äste als Bäume in die Landschaft stellen.

Schliddern, rutschen, schleudern

Die Pinguin-Bande

Pinguin Pit und Pinguin Pat haben sich eine kleine Eisscholle ausgesucht, um dort zu spielen. Doch dann kommt die ganze Pinguin-Bande und klettert auf die kleine Eisscholle der beiden. Die Eisscholle beginnt zu wackeln und die Pinguin-Bande plumpst ins Wasser.

Eine gefrorene Eisscholle wird draußen in eine Schüssel kaltes Wasser gelegt. Die Kinder sind die Pinguin-Bande. Sie stellen sich um die Wasserschüssel herum und abwechselnd legen sie kleine Spielfiguren oder Steinchen auf die Eisscholle. Sie machen das so vorsichtig wie möglich. Wie viele Pinguine passen auf die Eisscholle, bevor sie umkippt und alle ins Wasser rutschen?

Pinguin-Familie

Man braucht:
- 2 leere Klorollen
- Korken
- Klebstoff
- 2 Wattekugeln
- Filz
- Farben

Für die beiden großen Pinguine werden 2 Klorollen weiß bemalt. 2 Wattekugeln schwarz bemalen und in die Klorollen stecken. Aus Filz Flügel, Füße und Schnabel ausschneiden und festkleben. Stecknadeln mit Köpfen als Augen in die Wattekugeln stecken. Für die kleinen Pinguine Korken weiß bemalen. Aus schwarzem Filz kleine Kreise für den Kopf sowie die Flügel ausschneiden und ankleben.

Eiswürfelschliddern

Heute ist Eiswürfelschliddertag. Die Pinguin-Bande tritt gegen die Robben-Bande im Eiswürfelschliddern an.

Es werden Eiswürfel gefroren, die zuvor mit einem farbigen Papierschnipsel bestückt wurden – jede Mannschaft hat ihre eigene Farbe. Die gefrorenen Eiswürfel werden nach Farben sortiert in Schüsseln verteilt. Es finden sich Kindermannschaften zusammen, die sich an einer Eisfläche versammeln und gemeinsam eine Start- und eine Ziellinie für ihr Eiswürfelschlidderspiel markieren. Nun kann abwechselnd geschliddert werden, immer für jede Mannschaft die gleiche Anzahl Eiswürfel. Am Ende wird gewertet und die Mannschaft mit den meisten Eiswürfeln hinter der Ziellinie hat gewonnen.

Pinguin und Schneemann

Man braucht:

- Wolle
- Filz
- Pappe
- Tonpapier
- Klebstoff

Die Wolle um ein ca. 4 cm breites Stück Pappe wickeln, bis ein ziemlich dickes Knäuel entsteht. Dann an einer Seite einen Faden durch das gesamte Knäuel ziehen und fest verknoten. An der gegenüberliegenden Seite das Knäuel aufschneiden, sodass ein flauschiger Pompon entsteht. Jeweils zwei der Pompons entweder zu einem Pinguin oder zu einem Schneemann zusammennähen. Der Pinguin bekommt Flügel aus Filz und der Schneemann einen Hut aus Filz oder Tonpapier. Schnabel, Augen, Füße, Nase und Schal sind ebenfalls aus Filz.

Draußen gibt's ein Schneegestöber

Schneedusche

Über Nacht ist der erste Schnee gefallen. Als Putzi, das Eichhörnchen, und sein Freund, die kleine Blaumeise, aufwachen, liegt der Garten unter einer dicken, weißen Decke. Unermüdlich fallen die weißen Flocken vom Himmel. Schnell springt Putzi auf die voll beladenen Äste der alten Fichte und wirbelt der kleinen Blaumeise dabei eine Schneewolke übers Gefieder.

Die Kinder bilden Paare und suchen nach dick verschneiten Zweigen. Ein Kind stellt sich unter den Zweig. Es stellt sich vor, dass es unter der Dusche steht. Langsam dreht es den Wasserhahn auf und nimmt die Seife in die Hand ... und in diesem Augenblick zieht sein Partner kräftig an dem Zweig und der Schnee rieselt und purzelt herunter. Wer schafft es, ganz ruhig unter der kalten Schneedusche stehen zu bleiben? Kleine Bäumchen, die voller Schnee liegen, können auch kräftig geschüttelt werden.

Schneemann-Kegel

Man braucht:
- festen Karton
- Klebstoff
- Krepppapier
- Tonpapier
- Wattekugeln
- Filzstifte

Den Karton in der Mitte falten und anmalen. Immer zwei Wattekugeln zu einem Schneemann zusammenkleben. Kleine Zylinder aus Tonkarton, Krepppapiermützen und für den König eine Krone basteln und ankleben. Gesichter aufmalen und jedem Schneemann eine Ziffer von 1 bis 9 auf den Bauch malen. Dann die Kegel auf der Pappe aufstellen.

Schneeball-Kegeln

Putzi und die kleine Blaumeise haben sich eine besondere Kegelbahn gebaut. Dazu mussten sie ein rechteckiges Feld im Schnee ganz glatt stampfen. Am Ende des Feldes haben sie nun Fichtenzapfen als Kegel in den Schnee gesteckt.

Die Mitspieler wählen zwei Mannschaften und stellen sich hinter einer Linie auf, denn gleich beginnt das Wettkegeln. Als Kegelkugeln muss sich jede Mannschaft Schneebälle formen. Abwechselnd rollen nun beide Mannschaften ihre Schneebälle mit Schwung in die Kegel. Für jeden umgefallenen Kegel bekommt die Mannschaft einen Punkt. Welche Mannschaft wird Kegelkönig?

Schneemänner

Man braucht:
- viel Schnee
- Mütze
- Früchte
- Tannenzapfen

Schneemänner können immer wieder anders aussehen. Zweige können Arme oder Haare sein, Tannenzapfen Nasen oder Ohren. Hagebutten werden zu einem roten Mund. Einfach einmal ausprobieren!

Wintergeburtstag

Was sind das für Spuren?

Jedes Jahr im Dezember treffen sich die Tiere aus Wiese, Feld und Wald, um mit Poldi, dem Schneehasen, Geburtstag zu feiern. Die Feier beginnt mit einem lustigen Ratespiel. Dazu formen die Tierfreunde Schneebälle und suchen sich einen Gegenstand, mit dem sie im Schneeball einen Abdruck hinterlassen können, z. B. Zapfen, Tannenzweige, Steine, Rinde, Äste, aber auch kleine Spielzeuge. Nacheinander legen die Geburtstagsgäste ihren Schneeball auf eine Decke oder den Boden. Poldi muss herausfinden, woher die Spuren in den Schneebällen stammen.

Geschenk-Figuren

Man braucht:
- Filz
- Stoffreste
- Nadel und Faden
- Perlen
- Klebstoff

Aus Filz und Stoffresten Mütze, Gesicht und Kleid zusammenkleben. Die Seiten nach hinten klappen und mit einer Naht verschließen, unten ebenfalls zunähen. Die Mütze oben offen lassen, damit man dort Geschenke hineinfüllen kann. Die Mützen mit einem Band zuknoten.

Geschenke im Schnee

Poldis Freunde haben natürlich auch ein Geschenk für das Geburtstagskind mitgebracht. Doch Poldi muss erst einmal den verschiedenen Spuren im Schnee folgen und hoffen, dass er eine Spur findet, die ihn zu seinem Geschenk führt.

Die Mitspieler legen – ohne dass Poldi es sehen kann – im Schnee verschiedene Spuren an, z. B. indem sie seitwärts gehen, auf Zehenspitzen oder auf den Hacken gehen, auf allen vieren krabbeln oder mit beiden Beinen hüpfen. Die Spuren dürfen sich auch an einigen Stellen kreuzen. Am Ende einer der Spuren wird ein kleines Kästchen mit einer Murmel oder ein paar Gummibärchen im Schnee versteckt. Gelingt es Poldi, im Spurenwirrwarr sein Geschenk zu finden?

Poldi, der Schneehase

Man braucht:
- weißes Kunstfell
- Perlen
- Klorolle
- Pappe
- Filzstift
- Klebstoff

Die leere Klorolle mit Kunstfell bekleben. Aus Pappe einen Hasenkopf ausschneiden und mit einem Pappstreifen in der Klorolle festkleben. Dann den Kopf ebenfalls mit Kunstfell bekleben. Perlenaugen ankleben und mit einem Filzstift einen Mund aufmalen.

Orangen, Zimt und Tannenduft

Balthasars Schnupperhöhle

Balthasar, ein König aus dem Morgenland, besitzt die größte Schnuppersammlung der Welt. Er hat alle Düfte in einer Höhle gesammelt und passt auf, dass ihm kein Duft verloren geht.

Die Kinder sitzen im Kreis und ein Kind geht kurz vor die Tür. Ein anderes Kind darf sich aus einem Schnupperbeutel einen Schnupperduft (z. B. eine geschälte Mandarine, ein Stück Vanilleschote, eine Nelke, eine Zitronenscheibe, ein Zimtplätzchen, einen Anisstern, einen Fichtenzweig o. Ä.) aussuchen. Es setzt sich wieder in den Kreis und alle formen ihre Hände zu einer Schnupperhöhle. Das ratende Kind wird hereingerufen und schnuppert an den Schnupperhöhlen aller Kinder. Kann es Balthasars Schnupperhöhle finden und erraten, um welchen Duft es sich handelt?

König Balthasar

Man braucht:

- Zitrone
- Zimtstangen
- Zahnstocher
- Orange
- Watte
- Filz
- Krepppapier
- Goldpapier
- Filzstift

Die Zitrone und die Orange mit Zahnstochern zusammenstecken. Eine Krone aus Goldpapier ausschneiden, Wattehaare an die Zitrone kleben, darüber die Krone setzen. Einen Faden durch den oberen Rand eines Krepppapierstücks ziehen und dem König als Umhang umbinden. Auf ein Stück Filz schwarze Punkte malen und am König als Schal befestigen. 2 Zimtstangen mit Zahnstochern als Arme in die Orange stecken.

Schnupperpost

Balthasar verschickt zu Weihnachten gern eine Schnupperpost. Die Schnupperpost wandert um die Welt und alle Menschen sollen sich freuen.

Die Kinder sitzen im Kreis. Abwechselnd darf immer ein Kind Balthasar sein, der pro Spielrunde eine Schnupperpost verschickt. Es eignen sich zum Verschicken neben weihnachtlichen Düften auch: Pfefferminz-kaugummi, Parfüm, Zahnpasta, Brot, Lavendel, Pizzagewürz usw. Ein kleiner Karton wird jeweils mit einem Schnupperduft bestückt und verschlossen. Er bekommt einige kleine Löcher zum Hineinschnuppern. Die Schnupperpost wandert im Kreis, es wird geschnuppert und gerätselt. Am Ende wird die Schnupperpost geöffnet. Wenn die Düfte, die im Karton versteckt sind, auf einer Decke ausgebreitet liegen, lassen sie sich vergleichen und leichter erraten.

Duftende Figuren

Man braucht:
- Orangen
- Messer
- Stecknadeln
- Filzstifte
- Federn

Aus Orangen lassen sich viele lustige Figuren basteln. Zum Beispiel bekommt eine Orange einen Hut aus einer ausgepressten Orangenschalen-Hälfte. Eine andere erhält Haare aus Zahnstochern, Mund und Ohren aus Orangenschalenstückchen, die mit Stecknadeln befestigt werden. Man kann die Orangenschale mit Filzstiften bemalen oder viele Formen daraus ausschneiden.

Winternüsse

Das Haus vom Nikolaus

Der Nikolaus hat es eilig. Es ist der Abend vor dem Nikolaustag. Er packt Äpfel, Mandarinen, Marzipankartoffeln und Schokolade in seinen Sack. Jetzt fehlen nur noch die Nüsse. Sein Gehilfe Knecht Ruprecht kullert sie ihm ins Haus.

Die Kinder basteln aus einem Schuhkarton das Haus vom Nikolaus und schneiden Tore hinein. Über eines wird ein Nikolausstiefel gemalt. Jedes Kind versucht aus einer vorher vereinbarten Entfernung 5 Haselnüsse ins Nikolaushaus zu kullern. Die Nüsse, die durch das Tor mit dem Nikolausstiefel kullern, sind Glücksnüsse und zählen doppelt. Wer konnte dem Nikolaus die meisten Nüsse ins Haus kullern?

Jutesack

Man braucht:

- Jute
- Klebstoff
- Nadel und Faden
- Filz

Aus der Jute einen kleinen Sack nähen. Aus Filz alle Teile für den Nikolaus wie Mantel, Stiefel, Mütze, Gesicht und Handschuhe ausschneiden und auf den Sack kleben. Einen Wattebart nicht vergessen. Den Sack mit Nüssen füllen und oben mit einem Band zuknoten.

Wer wird Nusskönig/in?

Die Kinder malen zunächst eine Sonne, einen Mond und einen Weihnachtsstern mit Schweif und schneiden sie aus. Sie breiten eine blaue Himmelsdecke aus und legen Sonne, Mond und Weihnachtsstern in die Mitte. Dann werden eine Nuss auf den Mond, zwei Nüsse auf die Sonne und drei Nüsse auf den Weihnachtsstern gelegt. Die Kinder würfeln reihum mit einem Würfel, den sie mit Sonne-, Mond- und Sterne-Motiven beklebt haben. Das gewürfelte Symbol zeigt jedem Kind an, von welchem Symbol es die Nüsse in sein Säckchen hamstern darf. Nach jedem Wurf werden Sonne, Mond und Stern wieder mit Nüssen aufgefüllt. Am Ende mehrerer Spielrunden werden die Säckchen geleert und die Nüsse gezählt. Das Kind mit den meisten Nüssen ist Winter-Nusskönig/in.

Haus vom Nikolaus

Man braucht:
- 1 Karton
- Farben
- Klebstoff
- Cutter
- farbige Wellpappe
- Buntpapier

In die Längsseite des Kartons drei Tore schneiden.
Den Karton bemalen und ein Dach aus Wellpappe aufkleben.
Über jede Tür ein Stück Buntpapier mit einer Zahl darauf kleben. Einen Schornstein mit Watterauch an das Dach kleben.

Geheimniskrämerei

Geheimnisflüsterei

Die Engelkinder liegen in ihren Betten. Im Halbdunkel lauschen sie auf die Geräusche aus dem Wohnzimmer. Dort knistert und raschelt es geheimnisvoll.

Alle Mitspieler sitzen im Kreis und reichen ein Päckchen im Kreis herum, in dem ein kleiner Gegenstand liegt, z. B. eine Murmel, ein Weihnachtsstern, ein Plätzchen. Ein Kind schaut nun heimlich in das Päckchen, was darin verborgen ist, und flüstert seinem Nachbarn ins Ohr, was es gesehen hat. Anschließend wandert das Geheimnis des Päckchens von Ohr zu Ohr weiter und auch das Päckchen wird weitergereicht. Das letzte Kind in der Reihe sagt laut, was Geheimnisvolles in dem Päckchen verborgen sein soll. Es darf das Päckchen öffnen und nachschauen, ob das Flüstergeheimnis richtig bei ihm angekommen ist. Dann kann eine neue Geheimnisrunde beginnen.

Wunderknäuel

Man braucht:
- Wolle
- kleine Geschenke

Man nimmt einen Gegenstand, den man verschenken möchte und wickelt ihn in Wolle ein. Wenn man den Gegenstand nicht mehr sehen kann, zieht man das Fadenende zweimal durch einen Wickelstrang. So geht das Knäuel nicht auf. Man kann an das Fadenende auch noch einen Papierstern kleben. Will man nun das Geschenk auswickeln, nimmt man das Fadenende und wickelt es um vier Finger der linken Hand. Hat man ein paar Mal so gewickelt, nimmt man den Wollstrang von der Hand und wickelt rund weiter, bis ein neues Knäuel entsteht und die Überraschung endlich ausgewickelt ist.

Überraschung!

Eine kleine Überraschung wird in ein Päckchen gepackt. Auf das Päckchen wird ein Zettel mit einer Aufgabe geklebt. Das Päckchen wird nun noch einmal eingepackt und wieder wird ein Zettel aufgeklebt usw. Alle Kinder sitzen im Kreis, gemeinsam singen sie ein Advents- oder Weihnachtslied. Beim Singen geben sie das Päckchen von Hand zu Hand weiter. Endet das Lied oder stoppt die Musik, muss das Kind, das das Päckchen gerade in den Händen hält, eine Papierschicht lösen. Die Aufgabe auf dem Zettel wird vorgelesen und muss sofort erfüllt werden (z. B. einen Purzelbaum machen, auf einem Bein hüpfen und krähen ...). Das Päckchen wandert so lange durch den Kreis, bis die letzte Lage Papier entfernt und die letzte Aufgabe gelöst ist. Wer darf die Überraschung am Schluss auspacken?

Überraschungspost

Man braucht:

- 2 rechteckige Schachteln
- 4 Bierdeckel
- 4 Briefklammern
- Farben
- viele kleine Päckchen

Die beiden Kartons so zusammenkleben, dass der größere Karton hinten aufgeklappt werden kann. Die Kartons und die Bierdeckel bemalen. Nach dem Trocknen die Räder mit Briefklammern an dem Auto befestigen. Viele kleine Päckchen in das Auto füllen.

Auf dem Weihnachtsmarkt

Wo ist Salina?

Schon seit vielen Jahren zieht das Karussellpferd Salina mit Herrn Rico von Weihnachtsmarkt zu Weihnachtsmarkt und trägt große und kleine Kinder auf dem Rücken. Doch Salina ist heimlich ausgerissen. Herr Rico ist traurig und bittet die Kinder, ihm bei der Suche nach Salina zu helfen.

Alle Mitspieler überlegen sich ein typisches Geräusch, an dem Salina zu erkennen ist, z. B. dreimal laut mit dem Fuß stampfen. Dann rücken sie in einem Kreis eng zusammen und schließen ihre Augen. Ein Kind spielt Salina. Es läuft in verschiedenen Schrittvarianten um den Kreis herum, irgendwann stampft es dann dreimal mit dem Fuß. Erkennt eines der Kinder im Kreis das Geräusch, ruft es laut: Salina, da bist du ja wieder!

Weihnachtsmarktstand

Man braucht:

- Karton
- Bindfaden
- Klebestreifen
- Schnur
- Buntpapier
- Klorolle
- Filzstifte
- Klebstoff
- Streichholzschachteln
- Wattekugel
- Süßigkeiten
- Wäscheklammern

Den Karton in der Mitte aufklappen. Die eine Hälfte nach oben biegen und mit Klebestreifen befestigen. Von der anderen Hälfte eine Hälfte nach vorn knicken und darauf die Innenteile der Streichholzschachteln festkleben. Den Marktstand bemalen oder mit Buntpapier bekleben. Aus der Klorolle und der Wattekugel ein Männchen basteln, mit Buntpapier bekleben, mit Filzstiften ein Gesicht aufmalen. Das Männchen in den Stand stellen und die Schachteln mit Süßigkeiten füllen. Eine Schnur am Dach des Standes festknoten und daran mit kleinen Wäscheklammern etwas aufhängen.

Karusselltanz

Herr Rico ist froh, dass er Salina wieder gefunden hat, und alle Kinder haben heute freien Eintritt.

Alle Tänzer stellen sich im Kreis auf und fassen sich an den Händen. Während sie das folgende Lied singen, probieren sie verschiedene Tanzformen aus, z. B. fassen sie sich im Kreis an den Schultern und stampfen wie die Pferde oder tanzen im Kreis herum.

(Melodie: Jingle Bells)

Hufgetrappel, Glöckchenklang, Spaß für Groß und Klein
auf sein Pferdekarussell lädt uns Herr Rico ein.
Auf und ab, hin und her, langsam und auch schnell,
mit Salina dreh'n wir uns im Pferdekarussell.

Karussell

Man braucht:

- 1 runde Käseschachtel mit Deckel
- 1 Holzstäbchen
- Nadel und Faden
- Tonkarton
- Farben
- Klebstoff

Die Käseschachtelhälften bekleben oder bemalen. Aus weißem Karton drei bis vier Pferdchen ausschneiden. Den Pferdchen Decken und Zaumzeug aufmalen. Durch die Mitte der Käseschachtel ein Holzstäbchen stecken, wobei die eine Hälfte der Schachtel unten steht, die andere oben auf dem Stäbchen steckt. Den Deckel mit Klebstoff fixieren. Mit der Nadel einen Faden durch die Pferdchen ziehen und sie am Rand des oberen Deckels befestigen.

Vom Himmel hoch

Wintersternchen

Ein Wintersternchen ist in einer klaren Winternacht auf die Erde gefallen. Ein Hirtenjunge hat das Wintersternchen vom Himmel fallen sehen und eilt herbei. Er sieht es im kalten Schnee liegen, hebt es behutsam auf, nimmt es unter seinen dicken Wollpullover und hält es warm.

Die Kinder können bei diesem Kuschelspiel die entspannende Wirkung der Bauchatmung erleben. Sie liegen auf dem Rücken, legen das Wintersternchen oder ein Kuscheltier auf ihren Bauch und schließen die Augen. Beim Einatmen durch die Nase sammeln sie die Luft im Bauch. Er wölbt sich nach oben und wird größer. Beim Ausatmen fließt die Luft wieder durch den Mund aus dem Körper hinaus, der Bauch senkt sich und der Atem wird ganz ruhig. Die tiefe Bauchatmung wird durch die Vorstellung von der Bauchhöhle als Kuschelplatz für ein frierendes Wintersternchen erleichtert.

Schneesterne aus Wolle

Man braucht:

- Wolle
- Fäden
- Schere
- Klebefolie

Von der Folie ein Stück abschneiden, die Schutzschicht abziehen und mit der Klebefläche nach oben bereitlegen. Wollfäden zuschneiden und auf der Folie zu Schneesternen legen. Über das Motiv eine zweite Folie kleben. Beide Folien fest aufeinander drücken. Wenn man einen Faden durch den Folienrand zieht, kann man die Sterne im Fenster aufhängen.

Wintersternchens Traum

Der Hirtenjunge legt das Wintersternchen in der Scheune auf weiches Stroh und deckt es mit einer warmen Wolldecke zu. Das Wintersternchen träumt einen schönen Wintertraum.

Ein Kind liegt als Wintersternchen eingekuschelt in eine warme Wolldecke auf dem Boden. Mit geschlossenen Augen lässt es sich wie im Traum mit winterlich-sinnlichen Genüssen verwöhnen:

- Es bekommt ein bekanntes Weihnachtslied vorgesummt.
- Es wird an Händen und Füßen mit etwas Warmem oder Weichem massiert – z. B. mit einem kuscheligen Pelzchen oder einem warmen Kirschkernkissen.
- Es bekommt einen winterlichen Geruch zum Schnuppern unter die Nase gehalten, etwa eine Mandarine, ein Zimtplätzchen, einen duftenden Fichtenzweig usw.
- Am Ende dieses schönen Traumes lässt es sich eine Weihnachtsleckerei mit geschlossenen Augen schmecken.

Kuschelstern

Man braucht:
- Filz
- Watte
- Märchenwolle
- Perlen
- Nadel und Faden

Aus Filz einen Stern zweimal ausschneiden und mit Watte füllen. An den Rändern zunähen. Dabei die Märchenwolle gleich in die unteren Ränder als Schweif mit einnähen. Hände aus Filz ausschneiden, annähen, Perlenaugen und eine Nase aus Filz ankleben.

Ein Winterblumenmärchen

Rätsel

Ein Glöckchen ist so weiß wie Schnee,
Eis und Kälte tun ihm nicht weh.
Es wächst und blüht im Winterland.
Hast du die Blume nun erkannt?

(Schneeglöckchen)

Blumenwichtel

Man braucht:

- festen Karton
- Buntpapier
- Briefklammern
- Cutter
- 2 Holzstäbe
- Klebstoff
- Watte

Die Umrisse des Wichtels aufzeichnen und ausschneiden. Den Arm mit der Gießkanne extra ausschneiden. Die Figur mit Buntpapier bekleben und bemalen. Den Arm mit einer Briefklammer befestigen. Hinter den Arm und den Körper jeweils einen Holzstab kleben. Mit der einen Hand die Figur an dem Stab festhalten, mit der anderen den Gießarm auf und ab bewegen.

Wie das Schneeglöckchen zu seinem Glöckchen kam

An einem frostig kalten Wintertag ließ sich ein Sonnenstrahl auf die Erde fallen. Er kitzelte die Schneeblume in ihrem Erdebett, bis sie erwachte. Die Schneeblume gähnte, reckte und streckte sich und begann zu wachsen. Sie zog ihr schneeweißes Kleid über und blickte neugierig in die weiße Winterwelt hinaus. Ein eiskalter Wind blies ihr entgegen, aber das störte sie nicht. Sie sah goldene Sonnenstrahlen, die eine lustige Glitzerparty im Schnee feierten. „Der Winter ist wunderschön", dachte die kleine Schneeblume. Eines Tages hörte sie schwere Schritte über die frostige Erde stapfen. Der Winterriese war unterwegs. Die kleine Schneeblume wollte noch rufen, doch ihre Stimme war zu schwach. Da sah sie schon seinen Riesenfuß vor sich stehen. Beim nächsten Schritt hätte der Winterriese sie zertreten – doch zufällig rutschte in diesem Augenblick ein kleines Glöckchen durch ein Loch seiner Manteltasche. Es fiel bimmelnd zu Boden. Der Winterriese bückte sich hinab zur Erde. Er wollte sein Glöckchen aufheben, da sah er die Schneeblume zum ersten Mal und sein kaltes Winterherz wurde warm. Vorsichtig, um es nicht zu zerdrücken, streifte der Winterriese der kleinen Schneeblume das Glöckchen über ihr weißes Blumenkleid. Seit diesem Tag wird die kleine Schneeblume Schneeglöckchen genannt. Nun weckt sie die Welt jedes Jahr aufs Neue mit leisem Glockenklang aus tiefem Winterschlaf.

Räuchermännchen

Laternenmax

Vor vielen Jahren, als es noch keine Straßenbeleuchtung gab, zog der Nachtwächter Max jeden Abend mit seiner qualmenden Pfeife und einer Laterne durch die leeren Straßen.

In diesem Stillespiel können die Kinder die Dunkelheit erleben. Ein Kind spielt den Nachtwächter Max und hält eine Laterne mit einer brennenden Kerze in der Hand. Der Raum sollte völlig abgedunkelt sein. Die anderen Kinder stellen sich in einer Reihe auf und das erste Kind flüstert Max ins Ohr, wohin es geführt werden möchte. Max führt das Kind an die gewünschte Stelle im Raum. Es setzt sich dort hin und wartet, bis auch die anderen Kinder ihren Weg durch die Dunkelheit mit Max gemacht haben. Am Ende des Stillespiels erzählen alle Kinder, wie sie sich im Dunkeln gefühlt haben.

Räuchertürme

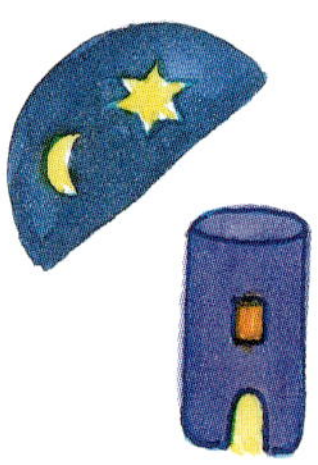

Man braucht:

- Versandrollen
- Cutter
- Farben
- Klebstoff
- Tonkarton
- farbiges Transparentpapier
- Teelichter
- Räucherkerzen

Die Versandrollen in verschieden lange Stücke schneiden und bemalen. Mit dem Cutter Fenster und Türen hinein schneiden. Hinter die Fenster das Transparentpapier kleben. Aus Tonkarton Halbkreise für die Dächer ausschneiden. Mond und Sterne in die Dächer schneiden, an den Kanten zusammenkleben und auf die Türme kleben. Räucherkegel und Teelichte in die Türme stellen und anzünden.

Mira, die Räucherfrau

Irgendwann erlischt die Laterne von Max und es ist stockfinster. Er kann nicht mal mehr die Hand vor seinen Augen sehen. Da streift ein süßlicher Geruch seine Nase und Max setzt langsam Fuß vor Fuß, um ihm näher zu kommen. Auf einmal steht er vor einem kleinen Räucherhäuschen. Die Tür öffnet sich und Mira, die Räucherfrau, lädt ihn in ihr warmes Häuschen ein.

Die Kinder bilden einen großen Kreis. Ein Kind ist Mira, die Räucherfrau. Es zündet einen weihnachtlich-duftenden Räucherkegel in einem kleinen Tonhäuschen an, während ein anderes Kind, es spielt Max, die Augen verbunden bekommt. Mira stellt sich mit dem Räucherhäuschen an eine beliebige Stelle im Kreis und Max versucht, Miras duftendes Häuschen schnuppernd zu finden.

Räuchermännchen

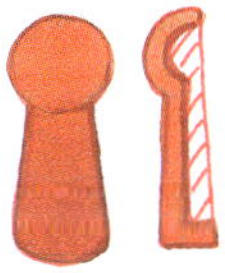

Man braucht:

- Tonklumpen
- Nagel
- Plastikunterlage
- Eierlöffel
- Messer
- Schälchen Wasser

Vom Ton ein Stück abschneiden und mit der Hand flach klopfen. Dann eine Walze formen und einen Kopf herausmodellieren. Die Form in der Mitte durchschneiden und mit dem Eierlöffel so viel Ton herauskratzen, bis ein ca. 5 mm breiter Rand stehen bleibt. Etwas Ton zwischen die Finger nehmen, in das Schälchen mit dem Wasser tauchen, die Schnittkanten mit dem Tonschlamm einschmieren und die Teile wieder zusammenfügen. Hüte und Arme aus Ton formen und ebenfalls mit Tonschlamm festkleben. Mit dem Nagel Löcher für Mund oder Augen hineindrücken.

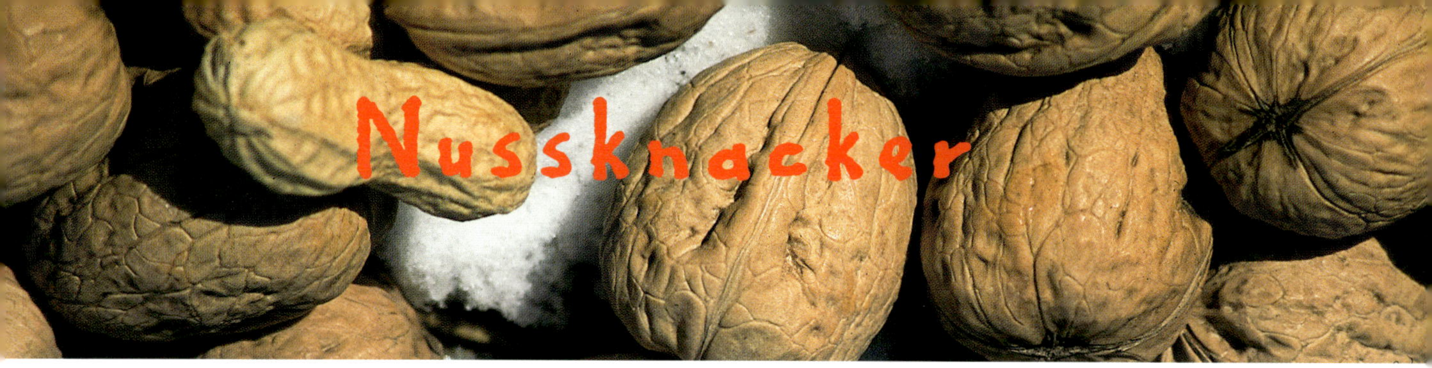

Nussknacker

Nüsse sortieren

Ausgerechnet heute hat der Nussknacker Zahnschmerzen. Dabei liegen in der Schale auf dem Küchentisch die schönsten Nüsse, die ihm sonst so gut schmecken! Wenigstens kann er die Erdnüsse mit der weichen Schale beißen.

In einer Schale werden verschiedene Nusssorten vermischt: Mandeln, Erdnüsse, Walnüsse, Paranüsse und Haselnüsse. Zunächst schauen und betasten alle Mitspieler die verschiedenen Nüsse mit offenen Augen. Dann schließt ein Kind die Augen und versucht, die Erdnüsse für den zahnkranken Nussknacker aus der Schüssel herauszusammeln.

Nuss-Hexe mit Katze

Man braucht:

- 1 Apfel
- 1 Walnuss
- 2 Erdnüsse
- 2 Haselnüsse
- Knete
- Papier
- Stecknadeln
- Zahnstocher
- Krepppapier
- Stoffreste
- Filzstift
- Nadel und Faden

Die Walnuss mit dem Zahnstocher in dem Apfel feststecken. Aus Krepppapier einen Umhang nähen und unter dem Nussgesicht festbinden. Der Hexe ein Kopftuch aus einem Stoffrest umbinden. Aus Knete eine Nase formen und ins Gesicht kleben. Mund und Augen aufmalen. 2 Erdnüsse mit Stecknadeln als Arme in den Apfel stecken. Einen kleinen Raben aus Papier basteln und der Hexe auf den Arm kleben. Schuhe aus Tonpapier unter den Apfel kleben. Aus 2 Haselnüssen eine Katze basteln. Die Nüsse werden mit Knete verbunden. Der Nuss ein Katzengesicht aufmalen.

Kracht die Schale, springt der Kern ...

In der Nacht träumt der Nussknacker, dass ein Eichhörnchen ihm beim Nüsseknacken hilft.

Die Kinder sitzen im Kreis auf dem Boden. Zwei bis drei von ihnen machen gleichzeitig verschiedene Geräusche mit Nüssen, z. B. auf den Boden trommeln, aneinander reiben, herumkullern, in eine Schüssel fallen lassen, in einem Säckchen schütteln. Ein Kind spielt den Nussknacker. Es muss mit geschlossenen Augen in all dem Genüssel heraushören, wann das Eichhörnchen eine Nuss öffnet (mit dem Handnussknacker wird eine Nuss geknackt). Hat es richtig gehört, darf es die Nuss aufessen und eine neue Spielrunde beginnt.

Walnussenten-Mobile

Man braucht:
- Walnusshälften
- einen Kranz
- Nähgarn
- Federn
- Goldpapier
- Klebstoff
- Goldspray

Den Kranz mit goldenem Krepppapier umwickeln, die Enden festkleben. Die Nussschalen auf eine alte Zeitung legen und mit Goldspray ansprühen. Aus weißem Papier Entenköpfe ausschneiden. In den Hals einen Schlitz schneiden und den Kopf auf die Nuss stecken. Hinten an die Nuss eine Feder kleben. Die Nuss mit Garn umwickeln und an dem Kranz aufhängen.

Weihnachtswichtel

Päckchen sortieren

Trippel-trappel – auf leisen Sohlen schleichen die Weihnachtswichtel über den Dachboden. Mulle, der Oberweihnachtswichtel, hat alle zusammengerufen. Sie müssen die vielen Päckchen sortieren, die das Christkind und der Weihnachtsmann zu den Kindern bringen. Mulle hat sich ein Wettspiel überlegt, bei dem die Weihnachtswichtel zeigen können, wie flink sie sind.

Ein Spielfeld wird festgelegt und in zwei Hälften unterteilt. Die Kinder bilden zwei Mannschaften mit ca. fünf Mitspielern. In beide Spielhälften werden nun gleich viele „Weihnachtspäckchen" gelegt, z. B. große Steine und Zapfen. Dann geht das Sortieren los. Beide Gruppen versuchen, möglichst viele Steine in ihr Feld zu bringen und möglichst viele Zapfen ins gegnerische Feld. Nach zwei Minuten werden die Steine im eigenen Feld als Punkte gewertet.

Päckchen-Wichtel

Man braucht:

- Streichholzschachteln
- Filz
- Klebstoff
- Stickgarn
- Nadel und Faden
- Perlen
- Filzstifte

Zunächst bei den Streichholzschachteln Hülle und Schachtel trennen. An die innere Schachtel mit Stickgarn eine Perle annähen, sodass man später an dieser Schnur ziehen und so die Schachtel herausziehen kann. Die Hülle mit Filz bekleben, also Gesicht und Mantel aus Filz ausschneiden und rund um die Hülle kleben. Aus einem Filzrechteck die Mütze um den oberen Rand kleben. Die Mütze oben mit einem Band zuknoten. Dann die gefüllten Innenteile wieder in die Schachtel schieben und verschenken.

Weihnachtsbaumtanz

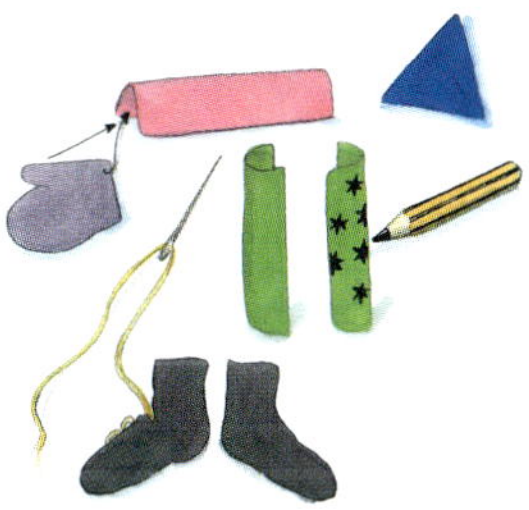

Mulle übt mit den Weihnachtswichteln auch den Weihnachtsbaumtanz mit Tanzschritten, die zu einem uralten Weihnachtswichtellied gehören.

(Melodie: Alle Jahre wieder)
Jul i pu ki pu ki
Ti ri ta ri tu
Tom te ta ra tu ti
Jul i pu ki pu.

Eine Gruppe Kinder singt das Weihnachtswichtellied. Alle Tänzer stellen sich im Kreis oder in zwei Reihen gegenüber auf und üben die Tanzschritte ein. Zu allen Silben mit „i“, „a“ oder „o“ setzen die Kinder nur die Zehenspitzen auf. Bei allen Silben mit „u“ stampfen sie mit dem ganzen Fuß auf. Bald werden die Weihnachtswichtel den Weihnachtsbaumtanz schon gut beherrschen.

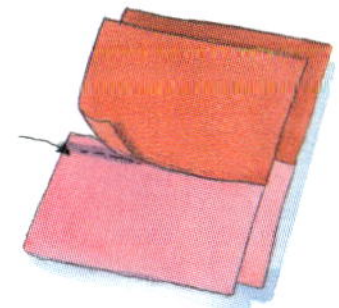

Wichtelfrau

Man braucht:
- Filz
- Nadel und Faden
- Filzstifte
- Bänder
- 1 dicke rote Perle
- Engelshaar

Alle Teile, die für die Wichtelfrau gebraucht werden, aus Filz ausschneiden. Das Gesicht und die Mütze zweimal ausschneiden. Die Teile zusammennähen. Eine Öffnung am Hals lassen. Die Mützen werden so angenäht, dass sie oben offen bleiben. An den Kopf der Wichtelfrau Engelshaar ankleben. Eine dicke, rote Perle als Nase annähen. Die Figur mit Geschenkbändern schmücken.

Lebkuchenmann

Piet, der Printenmann

Piet, der Printenmann, hatte einen wunderschönen Traum. Er träumte von einem strahlenden Weihnachtsbaum, an dem er mit vielen Lebkuchenfreunden zusammen ein lustiges Weihnachtsfest feierte. Seitdem hält es Piet in der Plätzchendose nicht mehr alleine aus. Er krabbelt heimlich hinaus und macht sich auf die Suche nach vielen Lebkuchenfreunden.

Honigkuchenstadt

Man braucht:

- Honigkuchen
- Brett
- Pinsel
- Puderzucker
- dicke Pappe
- Messer
- 2-3 Eiweiß
- Süßigkeiten

Den Honigkuchen auf einem Brett in dicke Scheiben schneiden. In einer Schale Eiweiß und Puderzucker zu einem dicken Brei anrühren. Mit dem Brei die Stelle auf der Pappe einstreichen, auf der das erste Haus stehen soll. Dann das Haus aufbauen. Vier dicke Scheiben bilden die Wände, zwei Dreiecke die Dachgiebel und wieder zwei dicke Scheiben das Dach. Die Kanten jeweils dick mit Zuckerguss bestreichen. So kann man ein Haus nach dem anderen bauen. Schokoladentaler können als Pflastersteine auf die Pappe geklebt werden. Den restlichen Zuckerguss über die Häuser gießen. Den kleinen Weihnachtsmann von der nächsten Seite kann man genauso mit Zuckerguss auf eine Pappe kleben und mit Süßigkeiten verzieren.

Lebkuchentanz

(Melodie: Lasst uns froh und munter sein)

Piet, der braune Printenmann,
zieht sich seine Stiefel an.
Lustig, lustig, tralalalala,
bald ist Weihnachtsabend da. (2x)

Piet, der braune Printenmann,
läuft so schnell er laufen kann.
Lustig, lustig, tralalalala,
bald ist Weihnachtsabend da. (2x)

Die Kinder singen das Lied vom braunen Printenmann und gehen dabei langsam in einem großen Kreis. Ein Kind spielt den Printenmann Piet und geht im Innenkreis zu Beginn des Spiels in entgegengesetzter Richtung. In der 1. Strophe wandert er noch gemächlich, in der 2. Strophe wird er schneller. Wenn das Lied mit laut gerufenem „da“ endet, müssen alle auf der Stelle stehen bleiben. Das Kind, das Piet nun gegenübersteht, ist sein neuer Freund und beide gehen Hand in Hand im Innenkreis weiter usw. Irgendwann ist der Außenkreis zu klein geworden und der Innenkreis mit Lebkuchenfreunden überfüllt, dann kann der Lebkuchentanz mit neuen Spielern von vorn beginnen.

Eisprinzessin Kristallina

Wo geht's zum Eispalast?

Kristallina, die Eisprinzessin, wird von einem bösen Zauberer in seinem Schloss gefangen gehalten. Im hellen Wintersonnenschein glitzert und funkelt der verzauberte Eispalast wie tausend Diamanten. Jeder, der Kristallina befreien will, muss seine Augen schließen, um nicht vom funkelnden Eis geblendet zu werden.

In einem großen Spielfeld wird in der Mitte ein Stock in den Boden gesteckt. Auf diesem Stock sitzt Kristallina, die Eisprinzessin, in ihrem Palast. Alle Kinder stellen sich in einem großen Kreis um den Stock auf. Nacheinander versuchen sie nun, mit geschlossenen Augen zum Eispalast zu kommen. Wenn sie glauben, dass sie dort angekommen sind, bleiben sie stehen und öffnen ihre Augen. Wer ist dem Eispalast am nächsten gekommen? Es ist ziemlich schwierig, mit geschlossenen Augen geradeaus zu gehen! Die Kinder können auch versuchen, auf Zuruf mit geschlossenen Augen zu Kristallina zu gelangen.

Eispalast

Man braucht:

- Schachteln und Rollen
- Silberfolie
- Christbaumkugeln
- silberne Farbe
- Glitzerpapier
- Cutter

Die Schachteln zu einem Palast zusammenkleben. Mit dem Cutter Fenster und Türen hineinschneiden. Den Palast mit silberner Farbe anmalen und trocknen lassen. Aus Silberfolie Halbkreise ausschneiden, zu spitzen Türmen aufrollen und zusammenkleben. Den Palast mit den Turmspitzen, den Christbaumkugeln und dem Glitzerpapier ausschmücken.

Rettung aus dem Eispalast

In ihrem glitzernden Eispalast wartet Kristallina darauf, aus der Hand des Zauberers befreit zu werden.

In Jogurtbechern wird Wasser zu kleinen Eisblöcken gefroren (an frostigen Tagen geht das auch draußen). Aus den Eisblöcken bauen die Kinder den Eispalast der Prinzessin Kristallina. Aus einiger Entfernung versuchen sie anschließend, den Eispalast mit Tennisbällen oder Schneebällen zum Einstürzen zu bringen. Wenn Kristallina befreit ist, bauen alle Kinder ihr ein neues, wunderschön farbiges Eisschloss. Dazu wird erneut Wasser in Jogurtbechern gefroren, diesmal wird es jedoch mit Wasserfarbe kunterbunt eingefärbt.

Eisprinzessin

Man braucht:

- 1 leere weiße Flasche
- Silberfolie
- Filz
- Wattekugel
- Lametta
- Pfeifenreiniger

Der Wattekugel ein Gesicht aufmalen. Eine Krone aus Silberpapier ausschneiden. Haare aus Lametta und die Krone aus Silberpapier am Kopf festkleben. Dann den Kopf auf den Flaschenhals kleben. Den silberfarbenen Flaschenreiniger als Arme um den Flaschenhals wickeln. Einen mit schwarzen Punkten bemalten Schal aus Filz um den Hals der Eisprinzessin wickeln.

Schneemannfest

Endlich Schnee

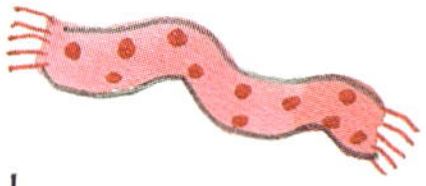

Die schönste Zeit des Jahres für Schneemänner, Schneefrauen und Schneekinder mit Schnee und klirrender Kälte ist gekommen. Sie feiern zusammen wie jedes Jahr ein fröhliches Schneemannfest.

Alle Besucher verwandeln sich zu Beginn des Festes in Schneemänner, indem sie sich verkleiden oder als Schneemänner schminken lassen. Ein Schneemannkostüm liegt für jeden bereit: ein großes, weißes Hemd, schwarze Knöpfe zum Aufkleben aus Pappe, ein schwarzer Hut, Handschuhe, ein Schal, eine gebastelte Mohrrübennase aus orangefarbener Pappe.

Schneemannwürfeln

Alle Mitspieler stehen um einen Tisch, auf dem ein Würfel und ein Schneemannkostüm liegen. Es wird reihum gewürfelt. Wer eine Sechs würfelt, beginnt das Schneemannkostüm anzuziehen – Hemd, Hut, Schal, schwarze Handschuhe, Mohrrübennase. Fällt die nächste Sechs, bekommt sofort dieser Spieler das Kostüm.

Schneemann aus Eiern

Man braucht:
- 2 weiße Eier
- Knete
- 1 Holzstäbchen
- Filzstift
- Klebstoff

Aus Knete einen Hut für den Schneemann formen. Die ausgepusteten Eier auf das Holzstäbchen stecken und oben den Hut darauf kleben. Nase und Arme aus Knete formen und Augen und Knöpfe mit dem Filzstift aufmalen.

Eiswürfelstaffel

Alle Schneemänner lieben Schnee und Eis. Sie mögen leckeres Eis und trinken besonders gerne eisgekühlten Eistee.

Zwei oder mehr Mannschaften zu jeweils 10 Schneemännern werden gebildet. Die Mannschaften stellen sich nebeneinander in einer Reihe auf und alle halten einen Esslöffel in der Hand. Am Start steht eine große Schüssel gefrorener Eiswürfel. Am Ende jeder Schneemannreihe wartet ein Tisch mit jeweils 10 Trinkbechern einer Farbe für jede Staffel. Auf ein Startkommando werden Eiswürfel aus der Schüssel von Löffel zu Löffel weitergegeben. Der letzte Schneemann jeder Staffel hat die Aufgabe, den Eiswürfel in den Becher der eigenen Mannschaft fallen zu lassen, bis alle 10 Becher mit Eiswürfeln bestückt sind, und zum Abschluss alle Becher mit Eistee zu füllen. Welche Mannschaft schafft das am schnellsten?

Schneemann aus Kleisterpapier

Man braucht:
- 2 Luftballons
- Zeitungspapier
- Kleister
- weiße Farbe
- Mohrrübe
- Hut und Schal

Den Kleister anrühren, die Luftballons aufpusten, verknoten und das Zeitungspapier in Streifen reißen. Die Ballons mit den eingekleisterten Papierstreifen bekleben und dabei beide Ballons mit Kleisterpapier zusammenkleben. Trocknen lassen und dann weiß bemalen. Dem Schneemann ein Gesicht aufmalen und eine echte Möhrennase mitten ins Gesicht stecken. Hut und Schal nicht vergessen.

Lustige Schneemannparty

Schneemann-Stopptanz

Frau Holle lässt im Winter jeden Morgen die Schneeflocken fliegen, wenn sie ihre Betten ausschüttelt. Einmal im Jahr wird sie zum Schneemannfest auf die Erde eingeladen und schaut den Schneemännern, Schneefrauen und Schneekindern beim Tanzen zu. Wenn Frau Holle die Tanzmusik aussetzt, erfrieren alle tanzenden Schneemänner auf der Stelle. Frau Holle geht auf der Tanzfläche herum und wählt den Schneemann mit der lustigsten erstarrten Schneefigur aus. Das ausgewählte Kind übernimmt die Rolle von Frau Holle und Frau Holle wird Schneemann im nächsten Schneemann-Stopptanz.

Hampel-Schneemann

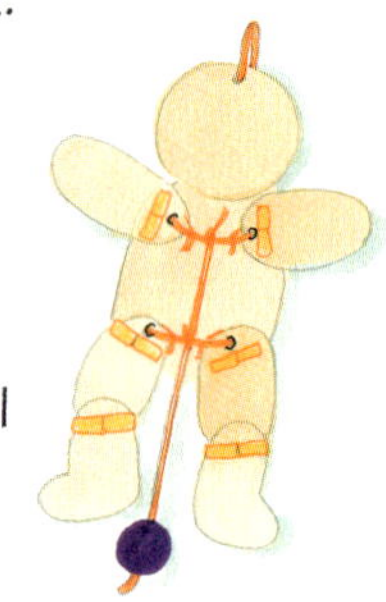

Man braucht:

- festen Karton
- Watte
- Klebstoff
- 1 Holzperle
- Farben und Pinsel
- Buntpapier
- Briefklammern
- Cutter
- Schnur

Aus dem Karton Kopf, Bauch, Arme, Beine und Stiefel ausschneiden. Alle Körperteile weiß anmalen, die Stiefel bunt. Die weiß bemalten Teile zusätzlich mit Watte bekleben. In Arme und Stiefel je ein Loch, in Beine und Kopf zwei Löcher und in den Bauch 5 Löcher bohren. Dann alle Teile mit Briefklammern so zusammenstecken, wie es auf der kleinen Zeichnung zu sehen ist. Die Schnur wie auf der Zeichnung festknoten. Die Holzperle am Schnurende befestigen. Aus Buntpapier Mütze und Nase ausschneiden und ankleben.

Wer hat Angst vor dem Sonnenball?

Alle Schneemänner tanzen zu einer lustigen Musik wild durcheinander und dabei wird ein gelber Sonnenball von Hand zu Hand weitergegeben. Aber Vorsicht: Der Sonnenball hat die Kraft der Sonne in sich gespeichert. Er lässt jeden Schneemann schmelzen und sollte so schnell wie möglich weitergegeben werden. Achtung, aufgepasst! Wer den Sonnenball fallen lässt, scheidet aus. Irgendwann setzt die Musik aus und alle bleiben sofort stehen und heben ihre Hände in die Luft. Der Schneemann, der den Sonnenball in der Hand hält, muss leider schmelzen und scheidet aus. Wer bis zum Schluss übrig bleibt, ist Schneemannkönig.

Tütenschneemann

Man braucht:

- 2 Wattekugeln (1 größer, 1 kleiner)
- 1 Holzstäbchen
- Klebstoff
- weißes Krepppapier
- blaues Tonpapier

Auf Tonpapier einen Halbkreis aufzeichnen, ausschneiden und zu einer Tüte zusammenkleben. Unten eine Öffnung für das Holzstäbchen lassen. Auf das Holzstäbchen die 2 Wattekugeln stecken. Um die Mitte der größeren Wattekugel einen Streifen Krepppapier kleben. Das Holzstäbchen durch die Tüte stecken und den unteren Rand des Krepppapierstreifens am oberen Tütenrand festkleben. Gesicht aufmalen und dem Schneemann ein Papierhütchen aufsetzen. Schneeflocken aus Watte ankleben. Wenn man das Holzstäbchen nun herauf- und herunterbewegt, kann man den Schneemann auftauchen oder verschwinden lassen.

Engelfest

Engelwirrwarr

Der Erzengel Gabriel hat den Engeln im Himmel versprochen, dass sie ihn am Weihnachtsfest auf die Erde begleiten dürfen, jedoch nicht alle auf einmal. Er verteilt die vielen Engel in Engelgruppen.

Die Kinder bekommen auf den Rücken einen Engel geklebt. Es werden weiße, gelbe, goldene und silberne Engel verteilt. Kein Kind weiß, welcher Engel auf seinem Rücken klebt. Auf ein Startkommando müssen sich die Engelkinder in Gruppen zusammenfinden, immer die Kinder mit der gleichen Engelfarbe in einer Gruppe. Das wird ein aufgeregtes Rufen und Zappeln, bis alle Engel auf ihrer Wolke zusammensitzen und zur Erde fliegen können. Die Engelgruppe, die sich zuerst gefunden hat und ruhig nebeneinander sitzt, ist Sieger in diesem Wettspiel.

Engelskinder

Man braucht:

- weißes und rosa Papier
- Holzwolle, Watte oder Engelshaar
- Klebstoff
- leere Klorollen
- Geschenkband
- Transparentpapier

Einen rosafarbenen Papierstreifen zuschneiden und um die Klorolle kleben. Aus weißem Papier einen weiteren Streifen um die Rolle leben. Arme und Hände ausschneiden und an den Körper kleben. Haare aus Holzwolle, Watte oder Engelshaar oben in die Klorolle kleben. Ein Stirnband aus Geschenkpapier darum wickeln. Flügel aus Transparentpapier ausschneiden und ankleben.

Schutzengel

Die Engel sind auf der Erde angekommen und suchen sich jeder ein Menschenkind aus, das sie von nun an beschützen wollen.

Bei diesem Tanzspiel finden die Kinder durch Beobachtung heraus, wer ihr Schutzengel ist. Alle Kinder stehen auf der Tanzfläche und tanzen zu einer ruhigen Engelmelodie mit einem flatternden Tuch in der Hand. Bevor der Tanz beginnt, ziehen alle Kinder einen geheimen Zettel. Nur auf einem Zettel ist ein Engel abgebildet, die übrigen Zettel sind leer. Das heimliche Schutzengelkind wählt sich nun im Stillen ein Kind auf der Tanzfläche aus und beginnt, alle seine Tanzbewegungen nachzuahmen. Wie lange dauert es, bis das ausgewählte Kind seinen Schutzengel entdeckt hat?

Schutzengel

Man braucht:

- 1 große Wattekugel
- Watte
- Silberdraht
- Klebstoff
- Nadel
- weiße Stoffreste, Tüll
- Engelshaar
- Farben
- Klorolle
- Nähgarn

Aus weißem Stoff Arme, Beine und Bauch zuschneiden. Alle Teile an drei Seiten zusammennähen, mit Watte füllen. Die Wattekugel auf eine Klorolle kleben, bemalen, dann in den Bauch stecken und oben zunähen oder -kleben. Arme und Beine festnähen. Aus Silberdraht Flügel formen, mit Stoff bespannen und am Rücken festnähen. Engelshaar am Kopf ankleben. Ein schönes weißes Stück Stoff als Kleid am Körper annähen oder festbinden.

Engelsgaben

Himmelsbotschaft

Die Engel versenden geheimnisvolle Himmelsbotschaften, die den Menschen Freude bringen sollen.

In einem Karton liegen luftig-leichte Himmelsbotschaften: eine Feder, ein Seidentuch, ein Softball, ein Herz, eine Wattekugel, ein Engel aus Märchenwolle, ein Stern usw. Die Kinder sitzen im Kreis, halten ihre Hände auf den Rücken und schließen die Augen. Ein Engelkind sucht sich eine Himmelsbotschaft aus dem Karton aus und gibt sie einem Kind hinter dem Rücken in die Hand. Es darf den Gegenstand erfühlen, dann gibt das Engelkind ihn an das nächste Menschenkind weiter, bis er einmal im Kreis gewandert ist. Haben die Menschenkinder die geheimnisvolle Himmelsbotschaft der Engel verstanden?

Sterntaler

Man braucht:

- Knete
- Klebstoff
- Messer
- Tonkarton
- Sternbackformen

Die Knete platt klopfen und mit den Backformen Sterne ausstechen. Ebenfalls aus Knete Sterntaler formen und mit dem Messer ausschneiden. Alle Teile auf einen Untergrund aus Tonkarton kleben.

Sternenregen

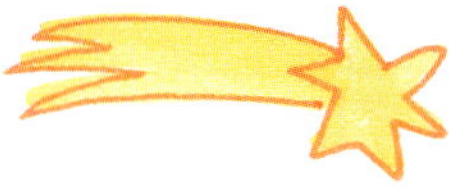

In den Weihnachtsnächten lassen die Engel viele Sterne vom Himmel regnen, um Licht auf die Erde zu bringen. Ein besonderer Stern fällt in dieser Nacht vom Himmel – der Weihnachtsstern.

Viele Zackensterne und ein paar gebastelte Weihnachtssterne mit Schweif werden auf ein Schwungtuch gelegt. Eine Engelgruppe schwingt das Tuch mit den Sternen durch die Luft, die anderen Kinder warten ab, bis die Sterne auf die Erde regnen und sammeln die Sterne auf. Die Kinder, die einen Weihnachtsstern finden, dürfen ihn behalten und setzen beim nächsten Sternenregen aus. Es werden immer neue Weihnachtssterne auf das Schwungtuch gelegt. Es regnet so lange Sterne, bis alle Kinder einen leuchtenden Weihnachtsstern in den Händen halten.

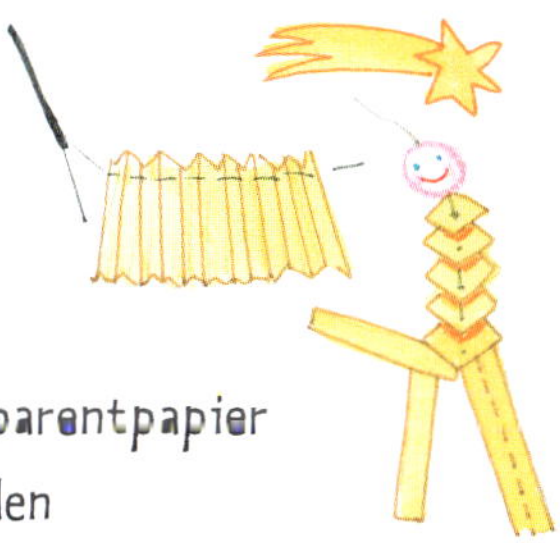

Goldengel

Man braucht:

- Goldfolie
- Wattekugeln
- Engelshaar
- weißes Transparentpapier
- Nadel und Faden
- Stecknadeln mit roten Köpfen

Aus dem Goldpapier zwei gleich lange Streifen ausschneiden. Bis zur Hälfte immer abwechselnd übereinander falten. Dann beide Streifen noch einmal der Länge nach einschneiden und weiterfalten; das werden die Beine. Oben eine Wattekugel als Kopf festnähen. Dann einen Streifen Goldpapier wie eine Ziehharmonika falten. In den oberen Rand mit der Nadel einen Faden durchziehen und unter dem Kopf zusammenbinden. Aus Transparentpapier Flügel ausschneiden und ankleben. Engelshaar am Kopf festkleben und ein Gesicht aufmalen.

Waldweihnacht

Julnissen, der Weihnachtskobold

Hoch oben im Norden, in den verschneiten Wäldern Skandinaviens, lebt Julnissen, der Weihnachtskobold. Zum Weihnachtsfest denkt Julnissen nicht nur daran, alle Kinder reich zu beschenken. Da die Winter bitterkalt sind, sorgt er sich ganz besonders um die Tiere: In der Heiligen Nacht sollen sie es warm haben und einen reich gedeckten Futtertisch vorfinden. Gemeinsam mit vielen anderen Kobolden bereitet er die Waldweihnacht vor.

Wo ist Julnissen?

Ein Kind spielt Julnissen. Es zieht eine rote Mütze an, die mit glitzernden Sternen geschmückt ist. Julnissen sucht sich ein Versteck zwischen den Bäumen, während alle anderen Mitspieler bis 20 zählen. Anschließend laufen sie los und versuchen im Lichterschein der brennenden Kerzen die glitzernde Mütze von Julnissen zu entdecken. Wer sie zuerst findet, ist in einer neuen Versteckrunde Julnissen.

Weihnachtskobold mit Rentier

Man braucht:

- 1 große Schachtel
- Buntpapier
- Watte
- 5 Klorollen
- Packpapier
- Klebstoff
- ca. 10 cm von einer Versandrolle
- Filz- und Stoffreste

Schachtel, Versandrolle und die 4 Klorollen zu einem Rentier zusammenkleben und mit Packpapier bekleben. Ohren und Geweih aus Papier ausschneiden und auch ankleben. Für den Kobold eine Klorolle mit Papier und Filz bekleben. Mütze, Arme und Beine aus Filz ausschneiden und wie bei der Zeichnung zu sehen ist ankleben.

Lichterweg

Zum Festplatz der Waldweihnacht – einer Waldlichtung – führt ein Lichterweg. Dazu werden mehrere Wind- oder Teelichter entlang des Weges aufgestellt. Wichtig für den Abstand der Lichter ist, dass man das nächste Licht noch gut sehen kann. Nacheinander folgen die Weihnachtsgäste der Lichterspur durch die Dunkelheit. Beim letzten Licht ertönt ein Glöckchen. Dort bleiben alle stehen und warten ganz leise, bis auch alle anderen Gäste angekommen sind. Anschließend werden Fackeln oder Laternen angezündet. Die Waldlichtung leuchtet in hellem Glanz.

Waldtiere

Man braucht:

- Klorollen
- Korken
- Klebstoff
- Zahnstocher
- Filz
- Wattekugeln
- Märchenwolle
- Büroklammer

Für den Hirsch ein Stück von einer Klorolle abschneiden. Die Rollen mit braunem Filz bekleben. Den Kopf auf den Körper kleben und mit einer Büroklammer fixieren. 4 Zahnstocher als Beine in den Filzbauch stecken. Über die Zahnstocher Filzstreifen kleben. Maul und Geweih aus Filz ausschneiden und ankleben. Für den Fuchs ein Stück rotbraunen Filz zu einer Rolle kleben. Einen Kopf und Beine aus Filz ausschneiden und an die Rolle kleben. Der Schwanz ist aus Märchenwolle. Die Hasen bestehen jeweils aus einem Korken, der mit Filz beklebt wurde. Die Köpfe sind bemalte Wattekugeln und die Ohren sind auch aus Filz. Alle Teile zusammenkleben.

Eine geheimnisvolle Nacht

Den Weihnachtsbaum schmücken

Während des Festes oder schon vorher werden verschiedene Leckerbissen für die Waldtiere vorbereitet:

- Hagebutten mit einer Schnur zu Sträußchen zusammenbinden.
- Kornähren zusammenbinden.
- Kleine Äpfel oder Apfelringe auf Schnüre ziehen und zusammenbinden.
- Erdnüsse in der Schale auf Baumwollgarn oder Draht fädeln.
- Fichtenzapfen mit einer Schnur zum Aufhängen versehen.
- Rindenstücke als Schale mit einer Portion Wildtrockenfutter füllen.

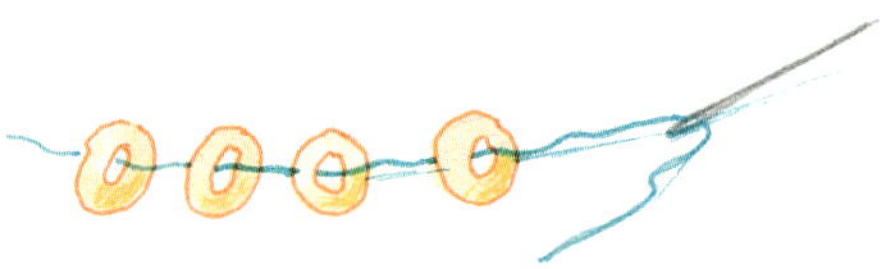

Sind die Leckereien vorbereitet, versammeln sich alle Festbesucher im Kreis um einen vorher ausgesuchten Weihnachtsbaum oder Weihnachtsstrauch und hängen den gebastelten Schmuck an die Zweige. Unter dem Baum werden die Heubündel ausgebreitet und die Rindenschalen mit dem Trockenfutter bereitgestellt. Zum Schluss werden auch Kerzenhalter mit echten Weihnachtsbaumkerzen an den äußeren Ästen des Baumes befestigt. Alternativ können die Kinder auch rings um den Baum kleine Teelichthalter mit brennenden Lichtern stellen.

Waldweihnachtszauber

Zum Schluss schmücken die Kinder einen dürren Zweig mit kleinen Tannensträußchen, Zimtstangen und vielen Glöckchen. Von Julnissen erzählt man sich nämlich, dass es ihm mit dem weihnachtlichen Duft und dem sanften Klang dieses geschmückten Zweiges gelingt, selbst die scheusten Waldbewohner aus ihren Verstecken zu locken. Jedes Kind darf den Zweig einmal in die Hand nehmen und ihn sanft schütteln. Den geschmückten Zweig nehmen die Kinder mit nach Hause. Im Gruppenraum können die Kinder verschiedene Tiere um den Zweig herum aufstellen als Erinnerung an das Weihnachtsfest im Wald. Mit einem gemeinsamen Lied um den leuchtenden Weihnachtsbaum endet das Fest der Waldweihnacht. Spannend ist sicher, in den nächsten Tagen einmal nachzuschauen, ob die Tiere sich die weihnachtlichen Leckerbissen haben schmecken lassen. An den Spuren rings um den Baum kann man vielleicht sogar sehen, welche Tiere sich dort versammelt haben.

Krippenfiguren

Man braucht:
- Knete
- Watte
- festes Papier
- Nadel
- Krepppapier
- Faden
- Goldpapier
- Klebstoff

Aus Knete Köpfe für die Figuren formen. Jeder Kopf wird in eine kleine Papierrolle geklebt. Aus Papier Arme rollen und an die Körper kleben. Umhänge aus Krepppapier zuschneiden, oben einen Faden durchziehen und unter den Köpfen zusammenbinden. Kronen aus Goldpapier und kleine Hüte basteln und ankleben. Die Schafe mit Watte bekleben.

Die Autorinnen

Regina Bestle-Körfer studierte Sozialpädagogik und arbeitete in einer Frühförderstelle und danach in einer schulpsychologischen Beratungsstelle. Seit über fünfzehn Jahren ist sie als Autorin und Redakteurin tätig.

Sabine Lohf studierte an der Hochschule der Künste in Berlin und arbeitet als Fotografin, Autorin und Illustratorin für verschiedene Verlage und Zeitschriften. Inzwischen sind viele Bücher in verschiedenen Bereichen von ihr erschienen.

Annemarie Stollenwerk studierte Sozialpädagogik und war zunächst in der Heimerziehung und später im sozialen Brennpunkt tätig. Seit mehr als fünfzehn Jahren arbeitet sie als Autorin und Redakteurin.

www.christophorus-verlag.de

ISBN 3-419-53038-2

Lektorat: Martin Stiefenhofer

Umschlaggestaltung: Network!, München
Layoutentwurf: juhu media Susanne Dölz, Bad Vilbel
Gesamtproduktion: Sabine Lohf
amadeus prepress a. print, Langenhagen
Herstellung: Himmer, Augsburg 2004

Alle Bastelideen, Bastelanleitungen, Fotos und Illustrationen: Sabine Lohf

Fantasiegeschichten, Spiele und Reime auf den Seiten 6–9, 14/15, 18/19, 24–27, 32–37, 42/43 und 46–53 von Regina Bestle-Körfer

Fantasiegeschichten, Spiele und Reime auf den Seiten 10–13, 16/17, 20–23, 28–31, 38–41, 44/45 und 54–57 von Annemarie Stollenwerk

In der Reihe Fantasiewerkstatt sind außerdem erschienen:

ISBN 3-419-53040-4

ISBN 3-419-53041-2

ISBN 3-419-53042-0

ISBN 3-419-53047-1

ISBN 3-419-53045-5